CW01020164

Nadia Contreras
Otras claridades
Buenos Aires Poetry, 2025
60 pp.; 13,34 cm x 20,32 cm.
ISBN 978-631-6688-01-9
Poesía México.

Otras claridades se escribió con el apoyo del Programa de Estímulos
a la Creación y Desarrollo Artístico, PECDA Coahuila, en la categoría
de Creadores con trayectoria, 2021-2022.

Editorial ©Buenos Aires Poetry

Colección ©Pippa Passes

Diseño editorial ©Camila Evia

BUENOS AIRES POETRY

editorial@buenosairespoetry.com

www.editorialbuenosairespoetry.com

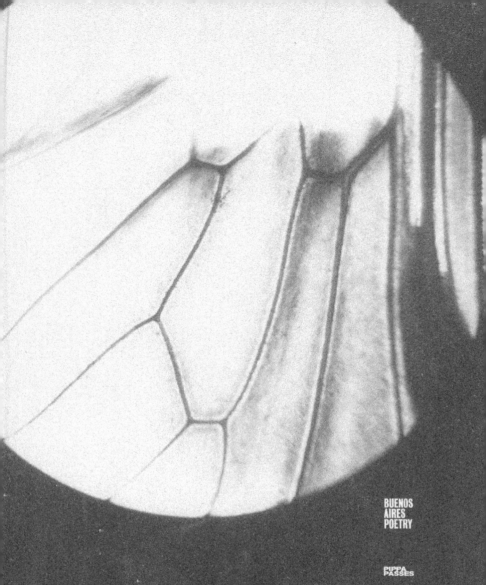

BUENOS
AIRES
POETRY

PIPPA
PASSES

Otras Claridades   Nadia Contreras

Otras claridades

Nadia Contreras

PARTE I

Aquel miedo, aquella idea:
"Los locos no descansan,
Ay mi madre, yo no duermo".
Aquella idea era locura.
Locura fue gran parte de mi vida.

Líber Falco

Podría permanecer en este laberinto de estrías, recovecos, espirales, túneles, celosías. ¿Qué delgados son los extremos? La locura, lo que inicia, es así, como un hilo trenzado en diferentes direcciones o como un puente colgante que, si se quiebra, se haya un inesperado camino. Una mancha al fondo. Una mancha como un pañuelo azul con un círculo amarillo. Donde mirara, fuera la pared, la cama o el tapiz, el pañuelo se colocaba delante. ¿Dónde quedaban los demás objetos, Ava? En la simulación, dicen, pongamos un público o la ciudad de casas que resaltan el juego del deterioro. En tan sólo un instante, la brújula se enturbia y, en esta misma confabulación, el pañuelo toma la forma de perchero. Afuera, el horizonte permanece enmarañado.

Dentro del vientre, lo que parecía fortalecido día a día, exhalaba frío y miedo. Las pastillas prodigan cierta paz, dijo ella, y todo se volvió estático alrededor del bebé. Eras perfecto. Desde la cuna vacía mirabas el techo, el cielo, las estrellas. ¿Quién se atrevía a romper tu corazón envuelto como una paloma? Tan unido a mí, tan unido a la pared de tramado sinuoso. Pero la infancia cayó de espaldas detrás de una figura; una figura sin pulso, sin aliento. Lo extraño era hablar con la otra figura, la que se hizo agujero debajo de la cama y, desde ahí, su profundidad se precipitó dentro de nosotros como la fiebre. "Los hermanos son un nuevo espíritu", dice una voz desde la distancia. Abre la ventana, Liam, arráncate la parte oscura.

La escritura mantiene su vaivén, dices,
con el cuaderno en la mano.
La locura es más uniforme si escribes.
Era yo quien llevaba hojas y lápices a todas partes,
la función de la escritura era enlazarnos,
incluso sin planes,
al destino, al aire y sus tejados.

Escribamos, pues, un libro a cuatro manos,
un libro, Ava,
Para respirar el día gastado,
el día
en que ya no fuimos los mismos.

Entregados a la misma idea,
darle prisa al cansancio, al invierno;
hablar incluso de una carne nueva
como una piedra hundiéndose
en el centro funesto de la cama.

Pretendes dibujarla a ella, pero la forma es imprecisa, líneas agazapadas en el arrabal, o sobre el mantel, donde está tu corazón fundido en contrariedades. El revés de la hoja, es la mujer; en las partes brillantes sacude con manos fuertes las raíces, las púas. No va por la sombra ni avanza por debajo de ella. Se queda quieta. La línea se corta o se estira. Sus hilos crecen en una nueva tragedia: alguna vez tuvimos un nombre, una casa, una habitación. ¿Lo recuerdas, Ava? Entre aquella figura y la nuestra, no hay cercanía. Si la hubiera, tendríamos la posibilidad de negarnos al descaro de otro telón.

En el acto de magia,
el movimiento transitorio incomoda,
el breve esplendor de lo que define
otra señal de enmendables errores.

Ava, escribo el boceto de un nuevo truco.
Si me buscas tras la puerta o en el espejo minúsculo,
si insistes al pie del arcoíris,
o en la fronda del árbol aromático,
habré llegado a la penumbra de una nueva escena.

Ava, descansa.
Mañana, visibles o invisibles a la enajenación,
practicaremos bajo la gran sombra.

a)

El repertorio debe encajar, dices, y el interés por la magia se vuelve un personaje. No al revés. Investigas, ensayas, articulas otro lenguaje, o improvisas. La curvatura del azar me sostiene, dices; entre un acto mágico y otro, me vuelvo sombra, me vuelvo humo. El pase no puede ser débil. Se sostiene la atención del público, se sostiene la ilusión no cifrada. Y el tiempo, Liam, su recompensa entre las yemas de los dedos.

b)

Forrar la estancia con sábanas negras. En la nueva rutina, no somos responsables, nadie sabe lo que viene, lo que se asoma como si fuera un dado o una baraja. La mirada se corta, se separa, se mueve. Hay un espacio ahí, la domesticación del desequilibrio o la tragedia. Apenas un significado y luego otro. El contraste es una mancha blanca y brillante; se oscurece, se precipita en las superficies. No hay sonido (si mirarán, tampoco hay sonidos en los rostros), sólo el desorden a contraluz. En el aire, debajo de los ojos también blancos, flotan dos hileras de dientes.

La mente no percibe los detalles; en el vuelco, alrededor del eje longitudinal, miente y cubre los recuerdos de niebla o granizo. No hace falta decir que remover su espesor es alterar el equilibrio, sacudir el cuerpo de la desgracia o la gravedad. Estar loco, Ava, es mover esas cartas como si fueran una sola. Incluso si miramos desde la desconfianza, sujeta la una a la otra, queda expuesta la vaguedad. ¿Ves cómo ocurre? La vaguedad se ablanda, se filtra en el alma cuando las cosas caen, cuando nada las detiene, desaliñadas, sin pulso entre los dedos. Para recobrar la pantomima de la vida, Ava, acercar o alejar lo parcialmente oculto, volver al sitio, siempre unos metros más adelante en complementación amodal. Ha vuelto la luz y la cordura, Ava, como cualquier deseo, como cualquier conjetura.

La luz se entrega libremente sobre las cosas,
su formalidad cae;
se repite la estructura ilusoria
como una especie de foco.

Debe haber otro mundo en él.
Los rostros, los jardines, las avenidas,
los cuadernos, la piel,
contemplados
desde un determinado punto de vista.

La ilusión, Ava, parece real,
las figuras sobresalen de forma definitiva.

¿Reconoces esta nueva escritura?

El amor es también ilusión,
una trampa de realidad intensificada.
Una mentira completa, absoluta,
por delante del muro gastado.

PARTE II

El mar no es más que un pozo de agua oscura,
los astros sólo son barro que brilla,
el amor, sueño, glándulas, locura.

Idea Vilariño

En la imagen trunca y desesperada del dolor alguien se refleja conmigo. El hueso se esfumó en el instante y ahora mi mano es un escorpión. Al fondo, alguien dice que estamos salvados, pero la cortina no deja de hervir. El veneno, fuera de las gotas, se despilfarra en el aire. La respiración es un rasgo vital y el veneno es sólo un trazo precisamente negro como el de un vaso que estrella su paraje de mimbre. Forrarán el hueso con hilos de mi piel. ¿Y si me desprendo otro hueso? Mira, por encima del paisaje soy la cima amputada. Detrás de ti hay una caja con forma de reloj de arena. ¿La observas?

La luz se excede en artilugios, contrastes, vapores complejos. Las estructuras densas como los huesos, bloquearán la mayoría de las partículas de rayos y aparecerán en color blanco. El metal y los medios de contraste (tintes especiales utilizados para resaltar áreas del cuerpo) también aparecerán en blanco. Las estructuras que contienen aire se verán negras, y los músculos, la grasa y los líquidos aparecerán. En donde comienza la mano hay una astilla, ese sentir abultado, ese sentir como un corazón al que se le escapa la sangre. La astilla, Ava, es una página en blanco.

Una radiografía de huesos estallables, simple y llanamente, una descarga de imágenes, impresas en placas fotográficas a través de envolturas de luz. ¿Es así el cielo, sus nubes cambiantes? En el envés, otras figuras comienzan a formarse, otro pulso en el círculo vicioso de la sombra; entre los resquicios o la equivalencia de una imagen con otra. O un caballo, sobre la superficie de plata pulida. Se cubre por completo de vapores de mercurio, previamente sensibilizado con vapores de yodo. El caballo ¿podrá nadar si la placa —el mar es también una zona muy compleja— se trastorna y se disuelve?

A la hora de la hora,
los brazos y los pies fijan las piezas blancas
como la curvatura.
El techo no fue suficientemente alto.

Mis alas tenían el color
de las tardes de claridades eufóricas.
Caí, sin embargo, en el equilibrio,
en la coreografía de lo que no se refleja.

Quería convertirme en pedazos,
o cuando menos,
en un fragmento que tuviera mi forma.

Ayer, finalmente se fue ella, la de aposentos en penumbras y mariposas de luto. Somos libres, Liam, y el espejo oscuro se desvanece en torno a nuestra existencia. Déjate guiar, déjate sostener. Nadie nos arrebatará la luz de los espantapájaros. ¿Recuerdas? Los contemplabas en casa del abuelo y tus sentidos se dispersaban. Son los muertos familiares, repetías, y tu voz sonaba como un rumor de piedras. El abuelo, su muerte, un paréntesis que la elude. Luego reías y corrías en círculos hasta alcanzar la noche. Tienes que parar Liam, te advierten los amigos que se han ido debajo de tus pasos.

a)

Los círculos concéntricos se mapean para alcanzar —sin que
suceda— una unidad. Todo está del lado derecho opuesto. O si
se quiere, del lado izquierdo. En láminas paralelas, el laberinto:
estrías, recovecos, espirales, túneles, celosías. Hay una sombra
de fondo, dicen. Una puerta o una calle.

b)

Un deslizamiento de formas, rostros, manos, senderos insos-
pechados. Y dentro, la nube, provista de futuro, ahí, fija para
siempre. Revela otras sombras —acaso es un jardín—: el ansia
de buscar la huella, los rasgos propios, las facciones, la historia
elucide. El horizonte es más endeble, su aspecto vibrante, la fuga.

Un túnel suspendido. Una estancia donde el ruido deja de ser avispero. Se pregona sobre el sujeto un destino elevado; un destino aún con el corazón, su ruta eléctrica adicional. Un túnel. Así, Ava, se dimensiona el mundo, la autobiografía: la casa, el mantel y las hierbas, el horror a los cobertizos, a las lluvias oscuras. Pero la infancia no es tan helada. La adolescencia quedó en el techo y miramos como adultos la tumba del abuelo. Si pudo salvarnos, el destino presiente otra forma: cerrar las cortinas y girar la llave. Recuerdo esa puerta, Liam, los cuartos con su luz amarilla y los muebles ennegrecidos como escolleras. Su rostro floreció como un cielo magnético.

La lluvia es de un verde cambiante y a los tiempos de confusión habrá que dotarlos de la claridad del día. Yo debería de haber visto debajo de la niebla, debajo del sol, debajo de las láminas y los prismas donde el haz es instinto. Está bien. Retomo los apuntes de Isaac Newton. Un vaciado de luz a mi cerebro, un vaciado de claridades donde la mano de Paul Klee entiende el matiz fundido de los peces, el hondo mar en ellos. Ava, ¡cómo quisiera hablarte de todo esto, de estos estanques que descubro y sus arboledas! ¿Por qué dejaste de leer mis cuadernos? Ahora escribo muy despacio y a oscuras. El cristal esmerilado del día me lastima; en el cuarto encerrado veo peces.

Una placa colocada en un extremo y otro. Antes, se comenzaba así: en el rango de longitud de onda, la luz existía dentro de sí misma. No había intervalo de tiempo medible. Y si se medía, la adolescencia relumbraba en licores. Me hundí en los relámpagos, dijiste, y tocabas un tambor invisible. La calle se había llenado de brisa y alguien hacía segunda voz a la angustia. La noche había entrado en ti con su figura de disfraz. Mira, Ava, en la simultaneidad del tiempo, se refleja el cielo borroso del mago. En los primeros movimientos, el truco queda registrado en láminas iridiscentes. Todo engaño tiene jardines secretos.

Me niego a beber la luz,
su olor es agua,
del tubo que expulsa la secadora.
Una mezcla de fragancia, jabón,
y olvido.

Te empeñas en los dos vasos
que siguen. La voz dice:
El contraste resaltará
las partes del cuerpo que veremos
en blanco.

¿Y si lo revelado fuera
el cristal limpio de un cauce,
una colina, un bosque
de ramas altas, ligeras,
como el cielo?

¿Me ayudas a inclinarme
hacia el amanecer?

Quiero tener una vida, Liam; una vida de atardeceres en las terrazas, en las calles, o pasillos de hoteles de camas amplias y todo blanco; tener una vida por extraña que sea. No puedo cuidarte. Quiero la vida de aquella mujer de corazón insaciable. Estoy cansada. Recorro la misma acera hacia el cuarto de lámina y cartón estropeados. Hueles a azogue, hueles a madriguera. Yo también me enfermo, Liam. La locura no muere en ti, también veo el espejo negro y sus carrozas. ¡Cómo me gustaría renunciar a mi propio abismo, a sus misteriosas inscripciones dibujadas en mi cuerpo! Liam, cierra los ojos, deja que te abrace. Las pastillas, esas extrañas aves de colores, son sueños abiertos.

a)

El giro en media luna —así lo vio Paul Klee—, sus puntas distantes o la otra cara que se anticipa. En el centro, el color primario, su conexión. La mirada. Allá en el fondo, se eleva la figura. En el claroscuro con el blanco, en el gris y en el negro.

b)

Una luz como un pañuelo con un círculo amarillo. La fluorescencia sobre el tizne. El reflejo es prueba fehaciente del ángulo, la tersura mórbida de cualquier superficie.

d)

La luz se entrega libremente sobre las cosas. Se repite la estructura ilusoria como una especie de foco. Debe haber otro mundo en él: jardines, avenidas, rostros contemplados desde un determinado punto de vista. La perspectiva se proyecta absoluta, por delante de la visión gastada.

Parte III

Todas, todas estas pobres historias diurnas no son sino desgarradoras.
Aquí, también, esta visión confusa y demasiado nítida de caras conocidas.

Enrique Lihn

Camino despacio,
doy vueltas a lo ajeno.

Aunque no tenga ganas, dicen,
debes existir por inercia.

El pasillo lleva a la sala,
ignora los gestos,
ojos que insisten en separarse
de sus órbitas.

Si quieres vivir,
debes traicionarte, dicen,
mientras me sujetan a la cama
con cinturones fuertes
e inician los ensayos,
porque la existencia
es un ciclo de rupturas,
donde cada intento
se disuelve en el aire antes de nacer.

El alma, no lo dudes,
luego de las sesiones,
la sentirás en la garganta.

Las imágenes,
cerrados los ojos o abiertos,
aparecen solas.
En su círculo concéntrico,
una explosión acompaña
las convulsiones y el agua
que brota de la bañera,
se llena de estrías.

En la tarde del quinto día,
apareció el agua.
Escaló lentamente mi cama,
y escaló la de mis compañeros,
convertidos en gaviotas,
o tal vez asteroides,
porque sus cuerpos se incendiaban.

En la formación columnar
de la corteza visual primaria,
aparecen figuras,
y en el incendio se abrazan,
se golpean.
El color de la sombra
es muy intenso.

El tiempo tiene la dimensión de una silla o una ventana falsa. La multitud de ojos entrelazan acrobacias, prestidigitación de blanco a rojo. ¿Tú serás quien me cure? Si te quitaras el sombrero, Nil, te quitarías también la bata blanca y los conceptos. Lo que está encerrado en el hielo lo llamaré materia negra. Puedes interrumpirme si estoy mal. Por favor, Nil, hazlo. Dentro de la cabeza, todo es fugaz, el fondo de los sueños es humo. Intento decidirme —en medio de lo que se alarga y es temporal— entre matar a mi compañero, a mi padre o mi madre. Opto por matar a mi padre. La sangre a contraluz, dicen, es fronda de árbol devastado. ¿Quién reclamará el árbol que ha sido arrancado y partido en pequeños troncos? Las ramas grandes y pequeñas entorpecen la labor de realizar los cortes. Nil, ¿cuál es el diagnóstico? Mira, hay un manchón uniendo o separando el horizonte frío.

Has abierto la puerta que ya conoces,
también la más lejana,
la que une tu cuerpo con el espejo,
donde ese alguien ha comenzado a irse.

El final del pasillo te invita a retroceder,
pero no lo haces, cierras los ojos.

Al fondo,
dibujas una llanura de luz,
reconoces el fluir de humos,
de juegos, de artificios.

Dices: cuando el sol se apaga,
cuando la luna se quema,
el vacío,
—de principio a fin—
nos consume.

Y ahí te quedas, Liam,
volando en el desequilibrio y la tragedia.

Siento el dolor atravesado, Liam, el útero puesto como un instrumento de tortura. Luego, su ausencia: la caja vacía de la que nacerán hijas, hijos como si fueran muebles. Hay un área de la casa destinado a ellos. Liam, soy Ava. No morí porque la luz, aun amarilla, me acorrala y se detiene suavemente sobre mi gesto que procura sonreír. Por segunda vez, no morí. El hígado se hizo pedazos y con sus púas rasgó el silencio. Al escenario profundo de los antibióticos respondo y ahora veo la estancia cósmica de la habitación en la blancura. Liam, toma el cuaderno, borra mi nombre y dibuja en su lugar otra máscara; otra, que encarnada en la mía, se niegue a renunciar.

El hígado engulle sus propios vapores,
se transforma en un pantano de amibas y bacterias.
En la oscuridad del día o de la noche,
el pantano arrastra el color y las formas.

La habitación, Liam, dejaba de existir,
lo que soñabas y veías
era una mancha oscura de sangre
que se extendía, cubriendo el bosque y la ciudad.

Abiertos los ojos o cerrados,
el pantano tomaba la forma de un lienzo infinito,
un lienzo de árboles ennegrecidos, espinas,
filos, pelucas de cabellos embrollados.

Con los ojos a medio cerrar, dices:
la agonía es un camino errante.

Un fantasma blanco y brillante se oscurece y se precipita en la superficie de la hoja. Es lo que ella escribe para sobrellevar la espera. La sala principal está llena de desiertos, cuerpos se transforman en un último baile y yo me coloco en la escena de una película larguísima. Sentada, sin compañía, se come las uñas y escribe cartas. Gran parte del día lo gastamos en buscar una rutina; a estas alturas, cualquier cosa, para librarnos de nuestros deshechos. Has intentado volar, preguntan. La respuesta no alcanza a asomar siquiera el frío silencio. Ella habla. Tiene en las manos el nombre de los médicos. Juega con ellos, les entrega algún secreto como vómito y ellos llenan su expediente bajo la noche oscura.

El espectro dividido en una serie de líneas oscuras; debajo de las ramas o de la página oscurecida. Lo que absorbe: nombres, historias muertas, fotografías petrificadas. Desorienta las pistas, sella el pasado como quien sella una puerta o una calle. Nil, mis ojos lo han visto todo. Los electroshocks son estrellas metálicas. Si lo quieres, diré que el verde es una ambulancia que aúlla en la noche y el reloj una ciénega donde las calles se desplazan como fotografías. Diré de Ava, esa luz susurrante de ojos abiertos. Mi corazón será una paloma, me extirparé el miedo huyendo como una res y mi padre, Nil, no podrá mover su ojo vacío dentro de mí. ¡Liam, susurra lo fuerte que soy y lo dulce de mi amor, mi amor como un lucero, como un rojo crisol! Eran sus palabras y las palabras que mi madre espantaba con el abanico de flores. Todo esto lo olvidaré, Nil; olvidaré la sangre de la entrepierna de Ava, su piel teñida, la fiebre como un círculo alrededor del cuerpo magullado. Las líneas sobre lo negro no detectarán ningún elemento conocido. Yo no sé nada desde hace mucho tiempo.

Encienden los monitores.
Aparece la imagen de un hígado muerto.

Es un perro, Liam.
Observo la inestable figura,
lo que marcan, parece
la lengua del perro oscuro;
lo que marcan, parece
un cuerpo hinchado
o como si fuera el reflejo de otro perro.

Es el mismo perro,
sus mismas ansias de morder.

Mañana, dicen,
nos acercaremos a su cuerpo
y lo sacaremos.
Le espera el cementerio clandestino
de las aguas negras.

Fue como romper un ataúd,
centímetro a centímetro,
cada una de sus capas.

Las imágenes se han llenado de puntos azules y rojos,
se han llenado de nombres
que danzan como alientos perdidos.

Hace un esfuerzo mayor. En el intento, mueve los ojos, los brazos, retoma sus obsesiones: jalarse el cabello, morderse las uñas, golpear con el pie derecho el piso. "Nil, todavía sueño el color del agua en el útero". Mira, como si tratara de desheredar una visión, el paño que cubre las paredes del cuarto, un paño antiguo, mugriento. No parpadea, y si parpadea, el movimiento ocular es el de una línea que asciende. Un ojo asciende, el otro, se queda en el centro como una forma de castigo. "Escucha su violencia". Su cuerpo cruje como el árbol y sus ramas no se ajustan al viento. Se esfuerza. Insiste en desenredar la visión: los pájaros tienen los cuellos rotos. La mirada de Liam tiene un aire siniestro.

Poco a poco nos vamos entendiendo,
mis palabras por mucho tiempo fueron
aventadas a la noche / esta vez escuchas
y asientes,
te ajustas la ropa / das algunos pasos
en la habitación fría.

Por primera vez, en mucho tiempo,
escucho tu risa;
algunos recuerdos de la niñez
nunca develados,
descubres la escritura de tus cuadernos
y el cielo, los árboles y los planetas
que dibujaste cuando las sombras
eran carrusel inacabado.

Dices tu nombre / y es como encontrar
el centro,
o ese nudo de luz
que te sujeta a tu propia aparición.

Liam, si te paras aquí,
tendrás una nueva perspectiva.

a)

Buscar la luz visible, trozos de sol. Lo que se busca no es blanco. En los hilos de la noche: miedos, sombras, agonías. El espectro dividido, debajo de las ramas o de la página, es una serie de líneas oscuras. La frecuencia de la mancha no detecta ningún elemento conocido. Prisma.

b)

¿Quién mueve la imagen a esta hora, agazapada en los contornos, donde la luz se funde en la contrariedad? El revés sacude las raíces, las púas. La conexión entre un destello y otro. Utopía.

Parte IV

Cuéntame cómo mueres.
Nada tuyo es secreto:
la náusea del vacío (o el placer, es lo mismo).

Gabriel Celaya

Si hablara de la noche, de su lumbre en el agujero de la boca, por el revés de la imagen, o la manera en que se alarga —a veces lisa, a veces vidrio— pensaría en árboles y cómo mi imagen se ve refractada en ellos. El viento mueve con lentitud la poca fronda. ¿Cómo quisiera escindir los tallos secos? No los colorea el sol, no se conviertan en piscina donde el cielo es más azul, más radiante. Digo las palabras "madre", "padre", "hermano", "tallo", "hojas", "viento" y es como si sólo arrojara saliva al hablar. Las palabras son ataúdes. Cuando te reías, cuando te elevabas, la música cubría el ataúd y la ola caída sobre ti. ¿Puede sobrevivir un perro a la fuerza del agua que estalla en su deriva? No abras la boca, te decían en las clases de natación. Sin embargo, hubo una fisura por la que entró el arcoíris, una fisura muy dentro de los parpados. En la antigua y nueva memoria, Liam, te pusiste a escarbar en sus brillos.

Un movimiento debajo de la mesa / o un fotograma que da vida a los objetos inanimados / son así las diminutas estructuras geométricas / se expande el color / se expande el volumen / la profundidad / es la rueda luminosa de un tobogán / y pocos regresan / y / si regresan / sus ojos están vacíos o son invernaderos de tallos inmóviles / al final del día / los movimientos cesan / y alguien se va sin recoger sus ropas / sus sombreros / sus paraguas / aquí se vive como en una amenaza / las diminutas estructuras geométricas / su color / rebota en los peñascos / dime / Ava / ¿las gaviotas cortan la página blanca? / háblame del mar / su salpicadura como un hueco.

La luz primordial se apagó. El límite: una sobredosis de anestesia. Me habían extirpado el útero cuando el hijo no concebido gravitaba otro vacío. Me cuidabas, Liam, esa es la imagen que guardo. Una imagen sin simetrías, sin llantos adheridos. Estábamos vivos del todo y la lucidez era otro margen. Morí, pero pudieron resucitarme. Otros gestos, no los míos, ni los tuyos — veía tu cara adolescente tras el cristal—, se acoplaron al punto de la sombra y del silencio. Mis ojos abiertos de vez en vez eran única existencia. No sueltes el reflejo, me decías. Los signos del verdadero laberinto son orilla firme.

"El agua abre una brecha, se vuelve torbellino de espuma, su velocidad no da tregua. No niego el desastre. Lo hubo. Tienes que ver la casa, es espejo; tienes que ver las habitaciones. En todo este ritual de pulir, de demarcar el umbral de la alcoba, hay una esperanza secreta. Para sentirte, entremos a la cercanía de lo perdurable. No te preocupes, estamos bien. Nuestros hijos, cada uno en su sitio, son como una arboleda". Mi sueño fue así. Y el amor que sentía era real. El amor a todo peso. Pero el amor nunca dejará su condición de ave migratoria, dices. ¿Cuántos años tienes?, pregunto. Tu mirada, Liam, es la de un conejo que aparece y desaparece para volver a su espacio. La habitación tiene un color profundo.

El suicidio es de ámbito natural
en estos casos sobreviene la recaída

la palpitación es intensa
se eleva por encima de lo calculado

el pasado como un animal de fragor cortante
dejará de girar el carrusel del mundo   dicen

es la voz en decúbito supino

tus miembros caerán después de haber sido levantados

si reaccionas lo harás por el movimiento reflejo
breves gritos o simplemente sonidos guturales

Despiertas. La pulsión articula la memoria: encinas, alcornocal, hayedos, pinares. Era la huerta del abuelo, sus lluvias oscuras. El aroma —tú ya lo sabes—, es otro precipicio. La tierra se ha vuelto tacto. Se desliza ente los dedos, es una rama detenida, una nueva fronda que llenará el vacío de murmullos, de pájaros como una piel. Cuando el árbol crezca, palpitará en la pared de mi cuarto y el cuerpo desgarrado se llenará de hojas. ¿Ocurrirá esto, Darío? Tu voz, Liam, es fuerte. La historia, sus ramificaciones, son un límite en la encrucijada. De arriba a abajo, de izquierda a derecha ¿se traza una línea o un círculo? Liam, hemos comenzado a vivir.

Epílogo

*Su plumaje es la luz hecha locura,
un brillante hervidero de alegría.*

Salvador Rueda

Arroja la sombra,
arrójala muy lejos,
allá, donde el rostro lúbrico del mar
une los fragmentos.

Llegó la hora, Liam, de arrancar esa parte del cuerpo
y tapizar con plumas falsas la ausencia.
Buscar otra niñez,
una casa acomodada para el silencio,
árboles y pájaros
sobrecargando horizontes visibles.

No perdamos la cordura,
nos pertenece como una revelación,
como los ejes de la noche,
aun en sus fulgores densos y calles desordenadas.

Del abuelo tenemos la tibieza escondida,
sus pertenencias como un escudo.
Sujeta fuerte tus cuadernos
y llévate a Newton, a Klee;
llévate tu vestimenta de mago.

Habla, Liam,
de la soltura de estas alas.

Habrá que darle alma a cualquier cosa.

Sobre la autora

Nadia Contreras. (Quesería, Colima, 1976). Reside en la ciudad de Torreón, Coahuila, México, desde el 2003. Escritora, académica, tallerista y gestora cultural. Es fundadora y directora de *Bitácora de vuelos ediciones*, revista de literatura y sello editorial en formato físico y electrónico. En 2020 obtuvo la beca del Fondo Nacional para la Cultura y las Artes (FONCA) para proyectos digitales del programa «Contigo en la distancia». Becaria del PECDA Coahuila, en la categoría Creadores con trayectoria, género Poesía (2016-2017; 2021-2022; 2024-2025) y galardonada con diversos premios estatales y nacionales. En 2014 el Congreso del estado de Colima le otorgó la presea Griselda Álvarez Ponce de León por su trayectoria en la literatura. Su obra ha sido traducida al inglés, portugués e italiano. Escribe para diferentes medios nacionales y extranjeros. Sus libros más recientes en el género de poesía son: *La niebla crece dentro del cuerpo* y *La luz es un efecto óptico. Antología de poemas* (2003-2022). También ha publicado el libro de ensayos breves, *La infinita aproximación*. Es Coordinadora de Literatura del Instituto Municipal de Cultura y Educación Torreón.

2025
Impreso en Buenos Aires,
Buenos Aires Poetry
www.editorialbuenosairespoetry.com